Helmiainesta

- Kuka Minä Olen? -

Myös Nina Kristiina Honkaselta

Kohti Kultaisen Valolinnun Aikaa
– *Tietoisuuden Laulu Aarteenetsijöille* –

Helmiainesta

- Kuka Minä Olen? -

Nina Kristiina Honkanen

Kirjan kansi: Arja Turunen, Graafinen Studio Fenix
Sisuksen taitto: Nina Kristiina Honkanen

www.ninakhkirjat.com

Kustantaja: BoD – Books on Demand, Helsinki, Suomi
Valmistaja: BoD – Books on Demand, Norderstedt,
Saksa

ISBN: 978-952-802-146-9

Markétalle

Sisältö:

- Alkusanat -

"Helmihymni", joka myös "Sielun hymninä" tunnetaan, on *Tuomaan tekojen* yhteen syyrialaiseen ja yhteen kreikkalaiseen käsikirjoitukseen sisältyvä runo. *Tuomaan teot* on osa gnostilaisia apokryfisiä kirjoituksia, jotka jätettiin Raamatun kaanonin, juutalaisuudessa ja kristinuskossa hyväksyttyjen ohjeellisten tekstien ulkopuolelle. *Tuomaan teoissa* apostoli Tuomas laulaa Hymnin rukoillessaan itsensä ja vankitoveriensa puolesta.

Tässä kirjasessa olen muokannut "Helmihymniä" oman tulkitsevan ymmärrykseni mukaisesti pyrkien kuitenkin kunnioittamaan sen asiasisältöä parhaani mukaan. "Helmihymni" on ollut minulle henkilökohtaisesti tärkeä inspiraation lähde jo useiden vuosien ajan. Toivon koko sydämestäni, että tämä pieni kirjanen herättäisi syvempää kiinnostusta Hymniä kohtaan ja ehkäpä inspiroisi muitakin ihmisiä sanomallaan!

"Helmihymni" on yksinkertaisuudessaan hyvin syvällinen ja vastaa neljään tärkeään, ehkä meitä kaikkia ainakin joskus mietityttäneeseen kysymykseen:

Kuka minä olen? Mistä tulen? Miksi olen täällä? Mihin olen menossa?

Kun asetumme herkästi näiden kysymysten äärelle, annamme mahdollisuuden mielemme ja sydämemme lukkojen avautumiselle, jolloin alamme saada pilkahduksia todellisesta olemuksestamme alempien ajatustemme ja alempien tunteidemme takana. Tämä tuo rauhaa, iloa ja tarkoituksenmukaisuutta kokemukseemme elämästä.

Tämän kirjasen kautta tahdon viestittää teille, rakkaat lukijat, että olimmepa millaisessa tahansa tilanteessa, meidän ei tulisi koskaan luopua toivosta. Olemme täällä Maaplaneetalla kuin koulutalossa oppimassa muuntamaan "elämämme ainesta" *helmiainekseksi* eli rakennusaineeksi todelliselle olemuksellemme, *Valokeholle,* joka sallii meidän lopulta päästä takaisin sinne, mistä olemme tulleet. Kaikissa elämän kokemuksissamme on potentiaalia täksi rakennusaineeksi, jos vain heräämme tiedostamattomuuden ja tietämättömyyden "unestamme" ja alamme tosissamme etsiä aarrettamme eli jälleenkytkentää Korkeampaan Valoon ja Rakkauteen!

Miksi tämä jälleenkytkentä on tärkeää? – Ilman sitä emme kykene ratkaisemaan ihmiskunnan ongelmia!

Nina Kristiina Honkanen

Helsinki, 22.11.2019

"Jos tiedät alkuperäsi,

tiedät kohtalosi."

J.J. Hurtak

- Kuka minä olen? -

Olenko minä se naskalipoika,

joksi äitini minua kutsuu,

se pikkumies, se kultakuukkeli,

joka naapurin tädin mielessä

"riiviöksi" muuttuu,

koska hän lähes kaikista

elämän äänistä suuttuu?

Olenko minä se pikkuprinsessa,

joksi isäni minua nimittää,

se kultamurunen, se päivänsäde,

jolla hauskoja juttuja

ja luovuutta riittää,

ja jonka suloisuus

naapurin poikia hihittää?

Vai olenko minä se nälkäinen lapsi

köyhissä kodeissa,

se kaltoin kohdeltu lapsi,

se kärsivä lapsi monissa sodissa,

joka ei osaa kaivata mitään,

kun ei tiedä paremmasta

ja joka vain hammasta purren

selviytyy sietämättömissä oloissa?

Olenko minä siis se Matti tai Tiina,

lapsonen pienoinen,

hyvien tai huonojen olosuhteiden,

"erityinen" tai "tavallinen",

joka vain sattumalta

on juuri nyt täällä ja tällainen?

Sattumaako voin syntymästäni syyttää?

Darvinistinen evoluutioko

se ihmisen synnyttää?

Olenko minä vain lihaa ja verta?

Onko tänne syntymäni ainokainen kerta?

Aivojemme kasvuko vain,

älykkyyskö on tekijä ratkaisevin,

vai tunteidemme paloko sen määrittää,

mikä tässä elämässä on tärkeää?

Olenko minä vain sitä,

mitä tämä yhteiskunta opettaa;

mitä koulukirjoista

ja valtamedioista lukea saa

tai mitä poliitikot, papit,

akateemikot, tiedemiehet

tai vanhemmat mielissään halajaa?

Maastako minä olen tullut,

ja onko päätepysäkkini myös maa?

"Tomustako" minä lähdin kehittymään,

ja "tomuksiko" minä palaan?

Syntinenkö minä olen,

joka vain tietyin ehdoin pelastuksen saa?

Onko vaihtoehtoja vain kolme:

Taivas, Helvetti ja Maa?

Synnyinkö minä tänne

otsani hiessä työtä tekemään

ja sietämättömästi kärsimään

vai mielihyvää etsimään,

kaikkia vastaan kilpailemaan

ja rikkauksia keräämään?

Vai onko elämäni vain sen odottamista,

että kaikki loppuu,

minkä jälkeen ei ole mitään?

Olenko minä täällä

riistääkseni muiden työtä

ja Maapallon luontoa;

saadakseni itselleni hyötyä,

vai yrittääkseni olla hyvä ihminen;

pysyäkseni kirkkaana ja tahrattomana,

vai keksiäkseni keinon pysäyttää aika;

elääkseni ikuisesti

nuorena ja huolettomana?

Onko tarkoitukseni kerta toisensa

jälkeen itseni kloonata;

tehdä itseni kuolemattomaksi

käyttäen teknologiaa, geenimanipulaatiota

tai kehitellä suurenmoinen

"hybridi-yli-ihminen",

joka ei kipua tunne, ei katumustakaan,

jonka heikkoudet poispyyhitty on

kerta kaikkiaan?

Vai onko tarkoitukseni

ihmeellisiä raketteja kehittää,

joilla valon nopeudella

kohti tähtiä voi lentää

ja globaalin katastrofin uhatessa

koko ihmiskunnan

toisille planeetoille siirtää?

* * *

- Helmihymni -

Vai olenko minä se Kuninkaan poika,

joka kaukana kasvoi Suuressa Idässä,

jolle annettiin melkoinen vastuu

jo nuoressa iässä:

joka lähetettiin Kallisarvoista Helmeä

kaukaa Egyptistä noutamaan

ja helmeä vartioivaa käärmettä

itsepintaista uneen vaivuttamaan?

Jonka vanhemmat kanssaan liiton tekivät

ja jotta se ei unohtuisi,

sydämeensä kirjoittivat:

jos onnistut, saat Kruununprinssimme,

Veljesi keralla Valtakuntamme periä.

Suuresta Idän Valtakunnastako

minä matkaan lähdin?

23

Kauniin loistavan pukuniko taakseni jätin?

Tooganiko riisuin

vartaloni mittojen mukaan kudotun,

minulle varta vasten kauniiksi punotun?

Kaksi saattajaako minua opasti matkalla

pitkällä ja vaarallisella?

Heiltäkö sain apua tiellä pelottavalla

matkallani Egyptiin

Kallisarvoista Helmeä noutamaan

ja helmeä vartioivaa käärmettä

uneen vaivuttamaan?

Jättivätkö he minut yksin Egyptiin,

jossa tapasin toisen Idästä tulleen,

heimolaisen, voidellun, joka varoitti minua

liittymästä muukalaisiin?

Teinkö hänestä luotettuni, liittolaiseni?

Otinko päälleni vieraan vaatetuksen,

jottei huomattaisi minun olevan erilaisen?

Egyptiläisetkö saivat minut

juoniensa pauloihin,

tutustumaan oman maailmansa saloihin,

syömään raskasta ruokaansa?

Sekö sai minut syvään uneen vaipumaan,

alkuperäni ja kauniin helmeni unohtamaan

ja heidän kuningastaan palvelemaan?

Kuningasten Kuningasko – Isäni,

Idän Valtiatarko – Äitini

ja Kruununprinssikö – Veljeni

Idän valtakunnassa ahdinkoni huomasivat

ja minulle Kirjeen kirjoittivat?

Hekö kehottivat minua heräämään,

unestani nousemaan, loistavaa vaatettani

ja ihanaa toogaani muistelemaan

ja lähtemään uudelleen

Kallisarvoista Helmeä noutamaan

ja helmeä vartioivaa käärmettä

uneen vaivuttamaan?

Isänikö sinetöi Kirjeeni oikealla kädellään,

jotta pahaiset babylonialaiset

tai Sarbogin julmat demonit

eivät ymmärtäisi, mitä se pitää sisällään?

Kotkan hahmossako Kirje laskeutui viereeni

ja muuttui samaksi,

jo aikaisemmin sydämeeni

piirretyksi sanaksi,

joka nyt tuli minulle eläväksi?

Sen äänen kaikuko minut herätti

ja unestani nosti?

Sitäkö suutelin? Senkö luin

ja tein nyt itselleni ymmärrettäväksi?

- kyllä -

Muistin vihdoin, miksi olin tullut Egyptiin:

Kallisarvoista Helmeä noutamaan

ja helmeä vartioivaa

sihisevää käärmettä uneen loitsimaan.

Isäni Nimeä, Äitini Nimeä

ja Kruununprinssin, Veljeni Nimeä

sille lausuin, jotta sain sen nukkumaan;

tein sen toimintakyvyttömäksi,

sain sen uneen vaipumaan.

Sen hallusta Helmeni nopeasti sieppasin,

likaisen vaatetukseni taakseni jätin,

ja kun Suureen Itään käännyin – kotia päin,

loistavan vaatteeni

jo silmissäni siintävän näin.

Rakkauskirje, joka oli saanut minut

syvästä unestani heräämään,

rohkaisi minua yhä uudelleen Äänellään.

Edessäni loistivat sen tulikirjaimet,

punaisena hohtavat,

kun se johdatti minua Valollaan

ja veti minua mukanaan

kohti Isäni taloa Rakkaudellaan.

Sarbogin demonit

ja Babylonian pahaiset taakseni jätin,

kun meren äärelle saavuin

suureen Meseneen,

jonne vanhempani olivat lähettäneet toogani

ja sen loistavan vaatteeni,

jonka arvoa enää muistanut en,

koska lapsena olin lähtenyt Isäni kodista

sen taakseni jättäen.

Kuninkaan kädet palauttivat

vartijoiden käsillä

minulle nyt talletukseni

– todellisen aarteeni –

kun he toivat minulle

arvonsa mukaisesti valmistetun vaatteeni,

todellisen rikkauteni.

Kuningasten Kuninkaan koko Kuva

oli siihen kauttaaltaan kirjailtu,

kallisarvoisin kivin ja värein koristeltu.

Sen otin vastaan, se oli peilikuvani:

siinä näin koko itseni

ja sen kokonaan itsessäni.

Kahtena olimme olleet erossa ollessamme

ja nyt taas yhdessä hahmossa

Aikakausien jälkeen

uudelleen kohdatessamme.

Loistava vaatteeni sykki

liikahduksia tietämisen,

kun se laskeutui luokseni hymnejään laulaen:

"Katso, tämä on se tekijä sankaritekojen,

jonka tekojen mukana kokoni

kasvoi luona Isäni Valtaistuimen!"

Se luokseni leijui kuninkaallisesti liikkuen,

ja minäkin riensin sitä kohti

käteni ojentaen.

Otin sen vastaan

keralla toogani kirkasvärisen,

sen värien kauneuteen koristautuen.

Vaatteet ylläni nousin

rauhan ja kunnioituksen portille

ja kumarsin siellä syvään

Isäni suurelle kirkkaudelle.

Olin Hänen käskynsä täyttänyt,

ja myös Hän täytti,

mitä oli minulle luvannut:

Hän otti minut riemuiten vastaan

ja antoi paikan Valtakunnassaan,

kuninkaallistensa hovissa,

prinssiensä ja ylimystensä joukossa,

missä palvelijansa lauloivat

Hänelle ylistyslaulujaan:

"Pyhä, Pyhä, Pyhä!"

Hän, Veljeni, Kruununprinssi,

lupasi, että Hänen mukanaan

Kuningasten Kuninkaan Hoviin

jälleen tulla saan

ja että uhrilahjani ja Helmeni kanssa

saan näyttäytyä Kuninkaallemme

Hänen kerallaan.

* * *

- Helmiainesta -

Kuule, Oi Rakas Jumalan Lapsi:

Kun *Yod-Hey-Wod-Hey´n*

Kuvaksi ja Kaltaisuudeksi

sinut luotiin,

ihmeellinen *Valovaatteesi*

sinulle syntymälahjaksesi suotiin.

Tehtävän sait arvokkaan:

lähteä *Kallisarvoista Helmeä*

tästä maailmasta noutamaan

ja helmeä vartioivaa

itsepintaista käärmettä

uneen vaivuttamaan.

Helmen suuri hinta tulee siitä,

että jouduit loistavan vaatteesi

ja purppuratoogasi taaksesi jättämään

ja ennen kuin taas yhteen liittyisitte,

olemaan pitkiä aikoja erillään.

- - -

Unohduksen uneen siis vaivuimme,

kun sisällemme käärmeen energiaa otimme,

– alempaa ajatus-ainesta –

joka valheellisella tiedolla ja puolitotuuksilla

mielemme täyttää

ja jonka avulla alemmat voimat

ovat voineet meitä hyväkseen käyttää.

Mutta Rakkauskirje Isältämme

- Pyhän Sanan Voima –

voi saada meidät heräämään,

jos sen sanoman kunnolla omaksumme,

monia Kipinöitä keräämään.

Silloin käärmeen energia sisällämme

on kuin parasiitti sisällä simpukan,

joka helmiäisainetta muodostamaan alkaa

ja häiritsijänsä, parasiitin,

vähitellen täydelliseen

muodonmuutokseen saa,

kun se kallisarvoisen helmen muodostaa.

Toisin sanoen,

kaikki "elämämme aines" täällä Maan päällä

voi olla rakennusainetta

- *helmiainesta* -

Valokehomme kallisarvoisen

tässä Valojatkumossa loputtomassa

olemisen ja joksikin tulemisen

sillä se, keitä me oikeasti olemme

on:

... Minä Olen se Minä Olen ...

tai

... Minä tulen Olemaan

se

Minä tulen Olemaan ...

... Ehyeh Asher Ehyeh ...

... Ain Soph! ...

* * *

- Kiitokset -

Kiitos Markéta, että jaat tämän elämän minun ja poikamme kanssa. Kiitos kaikesta, mitä olet tehnyt perheemme hyväksi! Kiitos rakkaudellisesta huomaavaisuudestasi, vastuuntunnostasi, luotettavuudestasi, valtavasta vahvuudestasi ja sinnikkyydestäsi. Rakastan sinua syvästi.

Kiitän myös teitä, Valon perheeni Maan päällä, rakkaudestanne ja siitä, että jaatte tämän elämän lahjan ja Valon polun kanssani!

Mutta ennen kaikkea muuta kiitän Teitä, Ikuisen Valon Isämme, Ikuisen Valon Äitimme ja Veljemme Kristus, Rakkauskirjeestänne, Pyhästä Sanasta, joka johdattaa meitä Elävän Valonsa Rakkaudella ja Rakkautensa Elävällä Valolla takaisin kohti Jumalallista Perhettämme, kohti todellista kotiamme!

* * *

Sanasto:

Numerot sanaston sanojen jälkeen viittaavat "Inspiraation Lähteitä" -listaan.

Ain Soph – (heprea) |4| Jumalan Nimi, joka merkitsee Ääretöntä, Suunnatonta, Rajoittamatonta, kirjaimellisesti "Ilman Loppua". |7| Myös Kaiken Lähde.

Egypti – Materiaalinen dualistinen maailmamme.

Ehyeh Asher Ehyeh – (heprea) |1| Minä Olen se Minä Olen tai Minä tulen Olemaan se Minä tulen Olemaan.

Idän valtakunta/Suuri Itä – Korkeammat Taivaat, Jumalan Valtakunta.

Kallisarvoinen Helmi - |6| Symboli Valokehon uudelleen löytämiselle; "elämämme aineksen" prosessoinnille ja muuntamiselle *helmiainekseksi* eli rakennusaineeksi Valokehollemme.

Kuva ja Kaltaisuus - |5| *Batsalmaynu – Kidmoothenu* (heprea). Kuva on yhteydessä geneettiseen suunnitelmaamme, joka puolestaan on yhteydessä *Adam Kadmoniin*, Valon Mieheen/Naiseen, Ihmisen Taivaalliseen malliin ennen lankeemusta. Kaltaisuus on energiavärähtely, joka yhdistää meidät Jumalalliseen.

Käärme – Symboli langenneiden mielen energioiden välineelle, alemmille voimille, jotka ovat estäneet meitä elävöittämästä Totuutta.

Minä Olen se Minä Olen – |1| *Ehyeh Asher Ehyeh* (heprea) on korkein ilmaisu, jota kuolevainen voi tässä maailmassa käyttää. Se ilmaisee "liittoa" ihmisen itsen ja Kristus-Yli-itsen välillä ja tietoa todellisesta identiteetistämme ja kohtalostamme. Se on avain korkeammille kynnyksille.

Valo - |2, 3| Valo isolla V:llä on Korkeampaa Valoa, Super-Valoa, joka ilmentää jatkuvaa luovuutta ja kantaa Valon Koodeja ja Ajatusmuotoja.

Valokeho – |2, 3| Korkeamman energiakokemuksen keho, joka voi osallistua monien todellisuuksien tai universumien Äärettömään Tiehen.

Yod-Hey-Wod-Hey - יהוה (heprean kielen kirjaimet luetaan oikealta vasemmalle), katso *Eenokin Avaimet®*, Avain 202. |1| YHWH on kaikkien Luoja Jumalien takana olevan Elävän Jumalan Isä-universumillemme Paljastettu Nimi. |4| Jumalan Pyhä Nimi, joka ilmentää fyysisen kehomme alkuperäistä koodausmekanismia. Nämä kolme kirjainta neljässä paikassa ovat alkuperäinen malli, "Jumal-koodi" DNA:n neljälle emäkselle kehossamme, koodi Adaamisen rotumme takana.

Inspiraation lähteitä:

1. Tiedon Kirja: Eenokin Avaimet®, J.J. Hurtak, suomenkielinen laitos 2007, alkuperäinen teos engl. 1973

2. Ensimmäinen Valon Kuvan Superkirjoitus: Eenokin® ja Metatronin Avaimet, J.J. Hurtak, suomenkielinen laitos 2018, alkuperäinen teos engl. 1973, 2016

3. Toinen Valon Kuvan Superkirjoitus: Eenokin® ja Metatronin Avaimet, J.J. Hurtak, suomenkielinen laitos 2019, alkuperäinen teos engl. 1973, 2017
(Kaksi seuraavaa Valon Kuvan Superkirjoitusta on jo julkaistu engl. kielellä ja myös kuusi seuraavaa on tulossa julkaisuun)

4. Yli-itsen herääminen, J.J. ja Desiree Hurtak, suomenkielinen laitos 2014, alkuperäinen teos engl. 2011

5. Kaikkein Korkeimman Seitsemänkymmentäkaksi Elävää Jumalallista Nimeä, J.J. Hurtak, suomenkielinen laitos 2010, alkuperäinen teos engl. 2009

6. Seven Seals of Initiation and The Acts of Thomas - CD, J.J. Hurtak, 2004, the original audio cassette, 1975

7. The Holy Sephiroth and The Keys of Enoch, a teaching on seven levels, J.J. Hurtak, 1999

8. Pistis Sophia, A Coptic Gnostic Text with Commentary, J.J. and Desiree Hurtak, 1999

9. The Future of Humanity: Terraforming Mars, Interstellar Travel, Immortality and Our Destiny Beyond Earth, Michio Kaku, 2018

10. Kohti Kultaisen Valolinnun Aikaa – Tietoisuuden Laulu Aarteenetsijöille, Nina Kristiina Honkanen, 2020

11. "Tuomaan tekojen Helmihymni", käännös suomeksi Tapani Harviainen, *Nag Hammadin kätketty viisaus*, gnostilaisia ja muita varhaiskristillisiä tekstejä, WSOY, 2006

12. "Hymn of the Pearl", Helmihymnin käännös syyrialaisesta tekstistä englanniksi, William Wright, 1871 ja käännös kreikkalaisesta tekstistä englanniksi, G.R.S. Mead, 1900